D0891173

CALIXTA GABRIEL XIQUÍN

TEJIENDO LOS SUCESOS EN EL TIEMPO

WEAVING EVENTS IN TIME

YAX TE' FOUNDATION
2002

English Translation by
Susan G. Rascón
and
Suzanne M. Strugalla

Yax Te' Foundation
3520 Coolheights Dr.
Rancho Palos Verdes, CA 90275-6231
Tel/Fax (310) 377-8763

Internet: www.yaxte.org

ISBN 1-886502-34-X

ÍNDICE
TABLE OF CONTENTS

Tejiendo los Sucesos en el Tiempo

Weaving Events in Time

RAÍCES

ESCRIBIENDO

Con sangre voy a escribir la historia,
el sufrimiento del pueblo en la miseria.
Con poesía redacto la frialdad de la injusticia,
el hambre,
la miseria y
el dolor.

Hoy alzo mi canto al cielo,
canto que es la voz del pueblo.
Los turistas conocen
sólo la pantalla de los países.
Violan los valores culturales,
explotando nuestros trajes
y a veces pisando nuestra dignidad,
contribuyendo a la
explotación y discriminación

Los investigadores
usan al indígena para sus investigaciones;
estudian al ser humano como espécimen
reliquia de la historia.

Desconocen nuestra filosofía,
nuestra cultura e
ignoran nuestras tradiciones.

Hoy con poesía sello la vida
que todos somos seres humanos sobre la faz de la tierra. ◆

ROOTS

WRITING

In blood I will write the story,
the people's suffering in misery.
With poetry I record the chill of injustice,
hunger,
poverty and
pain.

Today I raise my song to heaven,
my song, the voice of my people.
Tourists see only
the surface of countries.
They offend our cultural values,
exploiting our native dress
and at times trampling our dignity,
contributing to
exploitation and discrimination.

Researchers
use the indigenous people for their studies,
examining human beings as specimens,
relics of history.

Ignorant of our philosophy
and our culture,
they do not understand our traditions.

Today with poetry I claim life.
We are all human beings upon the face of the earth. ♦

INDIO

Indio,
analfabeto,
desnutrido,
discriminado y explotado.

Indio,
eterno dueño de la tierra,
arquitecto del campo
nacido del maíz,
persona que lucha en busca de justicia.

Indio,
buscas igualdad entre los hombres
estás hecho de luz
eres claridad del mundo,
persona libre de los sistemas,
independiente.

Indio,
creas música libre,
cantas con la naturaleza,
eres amigo de los pájaros,
vecino de las plantas,
hijo del día.

Indio,
respetas a los animales,
a la madre tierra. No eres egoísta,
eres comunitario,
Trabajas de sol a sol.
Sostienes a la humanidad y mal pagado.

INDIAN

Indian,
illiterate,
malnourished,
victim of discrimination and exploitation.

Indian,
eternal owner of the earth,
architect of the fields,
born of corn,
fighting for justice.

Indian,
you seek equality among all,
you are made of light,
you are the world's brightness,
a person free of systems,
independent.

Indian,
you create free music,
you sing with nature,
you are the friend of birds,
neighbor of plants,
child of the day.

Indian,
you respect the animals
and Mother Earth. You are not selfish,
you are communitarian.
You work from dawn to dusk,
sustain humanity, and are poorly paid.

Indio,
tu alimento es la sal
el chile, el frijol
los vegetales y
las tortillas.

Indio,
superviviente;
no tienes escuelas,
agua potable
luz,
carretera.
No tienes asistencia médica.

Indio,
no eres reconocido
por el ciego opresor.

Indio,
Te dicen
que eres ignorante,
conformista y el atraso del país.
Te niegan todo.

Indio,
esta historia empezó desde 1492
con la invasión española y
fue perpetuada por los criollos.
marginando desde entonces a la raza maya. ♦

Indian,
your nourishment is salt,
chile, beans,
vegetables and
tortillas.

Indian,
survivor,
you have no schools,
drinking water,
electricity, or
roads.
You have no health care.

Indian,
you are not acknowledged
by the blind oppressor.

Indian,
they tell you
that you are ignorant,
conformist, the country's backwardness.
They deny you everything.

Indian,
this story began in 1492
with the Spanish invasion and
was perpetuated by their offspring,
marginalizing the Maya ever since. ♦

OSCURIDAD

Oscuridad, color de mi cabello que nos cubre en el sendero,
oscuridad que azotas al ser humano.
A esto se le llama «injusticia».

Como roca volcánica que quema
la cultura, el idioma,
las capacidades del ser humano,
los valores de los pueblos.
La oscuridad se siente en la pobreza. ♦

DOLOR DEL PASADO

Si las lágrimas que brotan de tus ojos cayeran en un
recipiente,
formarían otro mar para el hombre.

Aquel que su corazón sangra en las calles de su pueblo,
sus ojos no derraman lágrimas,

Su corazón no es de piedra,
sino de mártir vivo.
Aparenta ser indiferente e insensible.
La experiencia de la vida deja memorias y crecimiento.
El corazón se transforma y necesita descanso por las
heridas del amor.

Sí dejara caer las lágrimas de sus ojos se llenarían las calles
del pueblo,
perdería su transparencia y su fuerza para vivir,
porque los ojos son las ventanillas del alma. ♦

DARKNESS

Darkness, the color of my hair, covering us along the way,
darkness inflicted upon human beings.
This is what they call "injustice."

Like a volcanic rock that burns
the culture, language,
human ability,
and values of the people.
Darkness is felt in poverty. ♦

PAIN FROM THE PAST

If the tears that flow from your eyes fell into a container,
they would form another sea for man.

He whose heart bleeds in the streets of his village,
his eyes do not shed tears.

His heart is not made of stone,
but is that of a living martyr.
He pretends to be indifferent and unfeeling.
Life's experiences leave memories and growth.
The heart is transformed and needs rest from the wounds of
love.

If he were to shed tears, the town's streets would be
flooded.
He would lose his transparency and his will to live
because the eyes are the window of the soul. ♦

COMO PALOMA

Ahora que vuelo como paloma,
como mariposa,
por encima de bosques, volcanes y
mares,
así quiero que volara mi pueblo con libertad,
como vuelan el águila y el quetzal,
para saborear el polen de nuestras tierras,
las riqueza de nuestros antepasados.

Madre,
queremos probar la dulce justicia,
saborear el sentido del ser respetados,
de ser tratados con dignidad.

Queremos sentir la suavidad de las nubes y de la llovizna .
Queremos sentir la resistencia de las rocas,
la nieve sobre las montañas, frías pero apacibles,
y las flores silvestres del campo.
Queremos acariciar el nido de los pájaros que trinan y
bailan al son del hombre libre.
Queremos sentir la libertad de la mujer,
que actúe, sin control de nadie.
Queremos rebozar el cantar y el correr de los niños.
Ése es el ideal de nosotros los pobres.
Queremos tranquilidad en nuestras almas.
Queremos el respeto a la vida.
El respeto a la naturaleza y a todos los seres vivientes. ♦

LIKE A DOVE

Now that I fly like a dove,
like a butterfly,
above forests, volcanoes and
seas,
so too I wish my people could soar with liberty,
fly like the eagle and the quetzal,
to savor the pollen of our lands,
the richness of our ancestry.

Mother,
we want to taste sweet justice,
relish the feeling of being respected,
of being treated with dignity.

We want to feel the softness of the clouds and mist.
We want to feel the resistance of the rocks,
the snow upon the cold but peaceful mountains,
and the wild flowers in the fields.
We want to caress the nest of the birds that sing and
dance to the *son* of a man who's free.
We want to feel a woman's freedom,
free to act without anyone's limits.
We want to shelter the singing and playing of the children.
For us, the poor, this is our ideal.
We want peace in our souls.
We want respect for life.
Respect for nature and for all living things. ◆

PAPÁ

A pesar de la distancia,
a pesar del tiempo,
mi vida se alimenta por el aire.
Mis manos abrazan el amanecer,
porque los rayos del sol proyectan esperanzas.

Papá,
Cuando oigo tu voz por teléfono,
me lleno de alegría y dolor,
mi mente se confunde con los cantos de los pájaros, y
fortalece mi corazón.

Papá,
hombre maya,
soy tu hueso,
soy tu sangre.
Ahora quiero ser tu brazo en la lucha,
porque los dos tenemos más fuerzas.
Los dos somos explotados y discriminados por el sistema;
por eso quiero seguir tus huellas.
Quiero conservar nuestra cultura,
que nos han negado desde siglos.

Papá,
hombre de rostro moreno,
tus manos toscas por el duro trabajo en el campo.
En las noches he descubierto
que tienes una luz que te ilumina para ser líder.
Por eso eres guía de las nuevas generaciones del mañana.

PAPÁ

Despite the distance,
despite the time,
my life is nourished by the air.
My arms embrace the new day,
for the sun's rays project hope.

Papá,
when I hear your voice on the phone,
I am filled with joy and pain,
my mind blends with the bird songs, and my heart is
strengthened.

Papá,
Maya man,
I am your flesh,
I am your blood.
Now I want to be your hands in the struggle
because together we are stronger.
We are both exploited and discriminated against by the
system;
therefore I want to follow in your footsteps.
I want to preserve our culture,
that has been denied to us for centuries.

Papá,
dark-faced man,
your hands rough from the hard work in the fields.
In the evenings I have discovered
that you have a light that illuminates you for leadership.
That is why you are a guide for the new generations of
tomorrow.

Papá ,
Tu color es como la tierra y
sabes amar a la naturaleza.
Te comunicas con el cosmos y con las divinidades.

Papá,
Tu sangre combatiente inyectaste en mis venas,
como la mazorca roja que brota nuevas semillas.
De ti aprendí a sembrar diferentes semillas
y me enseñaste a amar la vida.

Papá,
tu cuerpo el color de maíz amarillo,
que reflejaba en los momentos ocultos donde pasa el padre
sol.

Papá,
soy tu heredera.
En tu ausencia trabajaré como tú lo hiciste y los siglos
pasarán.
Mis huesos no se destruirán,
porque la suya es herencia milenaria.

Papá,
Hoy con oración recuerdo tus discursos de poesía,
tus cantos de amor a la naturaleza al compás del silbido del
viento.
Tus consejos de padre y de madre no los olvido.
Fueron impactantes para mí.
Dejaste a muchos seguidores.
Orientaste a mucha gente para construir un mundo más
humano,
porque las palabras que brotaban de tu boca fueron poesía
llena de sabiduría. ◆

Papá,
your color is like the earth and
you know how to love nature.
You communicate with the cosmos and the divinities.

Papá,
you injected your fighting blood into my veins,
like the red ear of corn that sprouts new seeds.
From you I learned to sow different seeds
and you taught me to love life.

Papá,
your body the color of golden corn,
that glowed in the dark moments when Father Sun was
hidden.

Papá,
I am your heir.
In your absence I will work as you did and the centuries
will pass.
My bones will not be destroyed,
because theirs is a timeless legacy.

Papá,
today in prayer I remember your poetic speeches,
your songs of love for nature to the rhythm of the whistling
wind.
Your parental advice I will never forget.
It made a great impact upon me.
You left many followers.
You guided many people to build a more humane world,
because the words that sprang from your mouth were
wisdom-filled poetry. ♦

A MI ABUELA

Sentada encontré a mi abuela.
Cuando me vio alumbró sus ojos
de luz por la alegría,
de su amistad infalible.

Sentada encontré a mi abuela, con su olla de barro enfrente.
Solicitó a Josefina a que me sirviera la comida sagrada.

Sentada encontré a mi abuela,
mi abuela, guía espiritual,
quien me encaminó a la sabiduría de la vida.
Universidad que enseña en cada momento,
pone en el camino las pruebas
lleno de obstáculos,
lleno de pruebas,
lleno de purificación.

Sentada encontré a mi abuela,
con ella intercambié el pan de la sabiduría;
con ella intercambié la bebida sagrada que purifica el ser. ◆

TO MY GRANDMOTHER

I found my grandmother seated there.
When she saw me, her eyes brightened
with the light of the joy
of her unfailing friendship.

I found my grandmother seated there, her earthenware jug
in front of her.
She asked Josefina to serve me the sacred food.

I found my grandmother seated there,
my grandmother, spiritual guide,
who put me on the path to life's wisdom.
A university that teaches at every moment,
she places the tests in my path,
full of obstacles,
full of trials,
full of purification.

I found my grandmother seated there,
With her I shared the bread of wisdom;
with her I shared the sacred drink that purifies the soul. ♦

FUEGO

Fuego, fuente de vida del ser humano,
fuego, juez que liberas y encarcelas a los seres vivientes,
fuego, purificador del pensamiento, emoción y cuerpo del
ser,
fuego, oráculo del maya en las montañas donde mira el
Padre Sol
arriba, abajo, a los lados, en todas las dimensiones del
tiempo y del espacio,
fuego, medicina que transforma a los seres humanos,
fuego, purificador de todo ser viviente,
fuego, energía del ser humano que da vida a otros seres,
fuego, calor del tiempo y del espacio,
fuego, oráculo de los siglos, donde nacen eclipses y
arco iris energéticos del espacio,
fuego, ombligo de toda la naturaleza, evaporando sobre
montañas volcanes, fuego, energía de la madre tierra. ♦

MAÍZ

Planta que nos nutre,
granos que sustenta a la gente,
semilla que el Creador y Formador nos regaló.
Maíz, semilla que cultiva mi padre y
ella dio a luz al ser maya,
verde su color como la naturaleza,
gruesa su caña que es alimento de los animales.
Maíz, nos alimentas cada día.
Ahora que no toco tus hojas,
siento vacías mis manos. Me encuentro desnutrida, Maíz.
Eres la vida del ser maya que jamás desaparecerá,
Con incienso y canto seguirás existiendo. ♦

FIRE

Fire, source of life of human beings,
fire, judge, who liberates and incarcerates living things,
fire, purifier of thought, emotion and substance,
fire, oracle of the Maya in the mountains where Father Sun
looks out,
above, below, to each side, in all dimensions of time and
space,
fire, medicine that transforms human beings,
fire, purifier of every living thing,
fire, energy of humans who give life to other beings,
fire, warmth of time and space,
fire, oracle of the centuries, where eclipses and
energetic rainbows of space are born,
fire, navel of all nature, evaporating over volcanic
mountains, fire, energy of Mother Earth. ♦

CORN

Plant that feeds us,
kernels that sustain the people,
seeds that the Creator and Former gave to us.
Corn, seed that my father cultivates,
which gave birth to the Maya,
its color green like nature,
its thick stalk, food for the animals.
Corn, you nourish us each day.
Now that I cannot touch your leaves,
my hands feel empty. I am hungry, Corn.
You are the life of the Maya that will never disappear.
With incense and song you will live on. ♦

NATIVA

Nativa,
tú eres los ojos de Abya Yala.
En tu vientre cargas el niño que nacerá,
el niño que simbolizará la lucha de la humanidad.

Nativa,
tu mirada tierna como la de un niño,
tu rostro mutilado por tantas humillaciones,
tu rostro en alto que proyecta amor y justicia.
Tu faz gentil,
que refleja el silencio consciente del pueblo
y proyecta su trabajo y valor.

Nativa,
hecha de la masa de maíz,
delicada y amorosa,
persona humilde y sencilla,
firme y constante en la lucha.

Nativa,
en tus manos
descansa la madre tierra
y
en ti se encuentra la esperanza. ◆

NATIVE WOMAN

Native woman,
you are the eyes of Abya Yala,
in your womb you carry the child that will be born,
the child who will symbolize humanity's struggle.

Native woman,
your gaze is tender like a child's,
your face mutilated by so many humiliations,
your head held high, projecting love and justice,
your kind face,
reflecting the silence and awareness of the people
and projecting their labor and courage.

Native woman,
made of corn dough
delicate and loving,
humble and simple,
firm and constant in the struggle.

Native woman,
in your hands
rests Mother Earth
and
in you resides hope. ◆

••

DESARRAIGO

MEMORIAS

Tu expresión alimenta mi alma,
tu sonrisa llena mi vacío,
tus consejos dan sabor al mío,
eres botón de flor que florece en cada amanecer.

Tus ojos son como el agua cristalina
cuando se proyectan en los míos,
tu espíritu noble me hace escribir poemas
como cien campanas que rozan mi vida.

Hoy,
tu recuerdo se oculta
como noche sin sol,
como flor sin hojas,
como tierra despoblada.
Tu mirada de otoño está desplomada,
tu sonrisa está quieta,
está trémula.

Sólo sueños me despiertan.
Tu sombra pasa taciturna a mi lado,
tu inquietud me atormenta,
tus palabras me frustran.
Hoy siento frío y miedo
porque el clavel que tomé con mis manos
era imaginación y
se desvanece como los recuerdos al anochecer. ♦

••

UPROOTING

MEMORIES

Your expression nourishes my soul,
your smile fills my emptiness,
your guidance gives mine flavor,
you are a bud that blooms at every dawn.

Your eyes are like crystal water
when they reflect in mine,
your noble spirit compels me to write poetry,
like a hundred bells that touch my life.

Today,
your memory hides,
like a night without sun,
like a flower without petals,
like a deserted land.
Your autumnal stare is fallen,
your smile is still
and trembling.

Only dreams awaken me,
your shadow moves silently by my side,
your restlessness torments me,
your words frustrate me.
Today I feel cold and fear,
because the carnation I took into my hands
was imaginary and
vanishes like memories at nightfall. ◆

JUNTO AL MAR

Parada junto al mar,
quise abrazar las olas.
Bebí el agua,
contemplé la playa, caminando, caminando.

En mi mente seguían repicando los mensajes del caracol,
repletas de candelas, las divisaba sobre el mar.
Mi cuerpo temblaba de frustración,
mi corazón palpitaba de miedo y de emoción.

Había mucho calor en ese verano.
Los rayos del sol quemaban mi cuerpo, mi ser;
sudaba y sudaba al compás del sol.
Quise sumergirme en el agua,
Mas quedé estática, sollozando ante las olas del mar.

El mar, indiferente a mis congojas,
azotaba fuertemente,
desgarrando mis fibras.
Sus palabras toscas destruían
paso a paso mi energía,
los golpes iban destruyendo mi inocencia.
Alguien me dijo «Tienes que enfrentarte a las olas; si no,
morirás».

Parada junto al mar,
busqué al Creador y Formador.
Le pedí encaminarme hacia el destino y
le pedí curar mis heridas
y le pedí que interviniera para que dejaran repicar las
campanas. ◆

BY THE SEA

Standing by the sea,
I tried to embrace its waves.
I drank its water,
I contemplated its beach, walking, walking.

In my mind the shells' messages rang,
full of light, I saw them above the sea.
My body trembled with frustration,
my heart quivered with fear and emotion.

It was very hot that summer.
The sun's rays burned my body, my being;
I was sweating and sweating to the rhythm of the sun.
I wanted to dive into the water,
but I remained still, sobbing before its waves.

The sea, indifferent to my distress,
pounded strongly,
tearing at my being,
its coarse words destroying
my energy step by step,
its blows wearing away my innocence.
Someone told me "You must confront the waves;
otherwise you will perish."

Standing by the sea,
I sought the Creator and Former.
I asked him to set me on destiny's path and
I asked him to heal my wounds
and I asked him to intervene and to let the bells keep
ringing. ◆

MI DECISIÓN

Mi decisión fue muy rápida,
no tuve tiempo de reflexionar.
Fue un milagro del Creador y Formador
de escapar de mi país.
Me dolía dejar a mis padres,
me dolía dejar mi pueblo.

No sabía manejar las armas,
no tenía dinero en el bolsillo.

Un domingo quise revelarle mi decisión a mi padre,
un nudo en la garganta enmudeció mi habla.
Mi padre estaba vendiendo frutas en el mercado del pueblo,

Luego divisé a la mujer con callos.
Quedó en la casa una mujer con lágrimas.
Al fin les llegó la noticia de salida.
Yo ya había partido hacia la tierra extraña del norte,
los EE.UU. ◆

MY DECISION

My decision was swift,
I had no time to reflect.
It was a miracle of the Creator and Former
that I escaped my country.
It hurt to leave my parents;
it hurt to leave my people.

I did not know how to use a gun;
I had no money in my pockets.

One Sunday I tried to tell my father about my decision,
but a lump in my throat silenced my words.
My father was selling fruit in the town market.

Later, I caught a glimpse of the woman with calluses.
She stayed inside, a tearful woman.
Finally, the news reached them.
I had already left for the strange land to the north,
the U.S.A. ◆

LA VIDA SIN SENTIDO

Cuando perdí la esperanza, los días eran eternos.
Mi vida ya no tiene sentido.
Ahora, me pregunto, una, dos y varias veces.
Desde que perdí a mis seres queridos,
el mundo no tiene gracia ni sentido para mí
desde entonces...
Me pregunto y ¿Para qué me preparo?
¿Qué ganancia tiene?
¿Qué recompensa me da la vida?
En Guatemala, en la puerta de la casa matan a uno
en medio de toda la gran pobreza.
Cuando perdí la esperanza, las cuerdas de mis fuerzas se
rompieron de dolor.
Y me pregunto de nuevo ¿para qué quiero la vida?
Ya perdí a mis tres hermanos,
ya perdí a mis amigos,
ya perdí a mi pueblo y
ahora me encuentro en el refugio.
Al saber de mi hermanito de catorce años que fue torturado,
¿Qué consuelo tengo en la vida? Luego me pregunto:
¿Qué delito ha cometido el niño inocente, Narciso? ♦

LIFE WITHOUT MEANING

When I lost hope, the days were endless.
My life no longer has meaning.
Now, I wonder, once, twice and many times.
Since I lost my loved ones,
the world has no joy or purpose for me
since then…
I wonder, what am I getting ready for?
What can I hope to achieve?
What will life give me in return?
In Guatemala, someone is murdered in his own home,
in the midst of such great poverty.
When I lost hope, the threads of my strength broke in pain.
And I wonder again, what do I want with life?
I already lost my three brothers,
I already lost my friends,
I already lost my people and
now I am in exile.
Finding out that my fourteen year-old brother was tortured,
what consolation do I have in life? Then I wonder:
What crime has the innocent child, Narciso, committed? ♦

●●●

BÚSQUEDA

UN DÍA EN SUEÑOS

Mi mundo pequeño, tan pequeño que no entiendo muchas
cosas de la vida,
Hoy es un día, mañana será otro día.
¿Qué será de mí?
¿Qué hay de mí?
¿Qué hay de bueno?
¿Qué hay de nuevo?
Camino, camino.
¿Dónde debo dar los pasos?
Los días están lejos de mí.
Mis ojos se encandilan en la confusión.

Veo figuras,
símbolos,
imágenes,
visiones que me guían,
luces que encienden mi ser.

Mi mundo es pequeño, tan pequeño.
Sólo logro divisar los símbolos que están en mi camino,
mirando por todos lados.
Veo una imagen bella, escuché que cargaba miles de
dolores.
Me llenó de angustias su dolor.
Caminó conmigo, juntos compartimos los sufrimientos. ◆

●●●

QUEST

A DAY IN DREAMS

My small world, so small that I don't understand many
things in life.
Today is one day, tomorrow will be another.
What will become of me?
Who am I now?
What good is there?
Is anything new?
I walk and walk.
Which way should I go?
The days are far from me.
My eyes blur with confusion.

I see shapes,
symbols,
images,
visions that guide me,
lights that kindle my life.

My world is small, so small.
I perceive only the symbols that lie in my path,
looking in every direction.
I saw a beautiful image; I heard she carried thousands of
sorrows.
Her suffering filled me with distress.
She walked with me, we bore the grief together. ♦

BÚSQUEDA

Te busco bajo la escarcha de las montañas.
Mi ser sucumbe al dolor.
Siento que me fatigo en el laberinto,
mis pies paralizados.
Entre sueños quiero ver el sol, que está en mi ocaso.
El caos abraza mi alma, no me deja desarrollar nuevas
experiencias.
Búsqueda.
Choques eléctricos recorren en mi espalda,
patadas de hombres torturan mi ser,
choques confunden mi pensamiento,
el temor me impide la respiración,
las noches me estremecen en su soledad
el cáliz amargo está en mis manos,
la saliva cual hiel en la boca,
esquivando de ser mártir.
Búsqueda.
Mi cuerpo un costal de huesos
roídos por las penas,
que brillan en la noche cual estrellas,
para decirte
que al mundo le faltas tú.
La rutina de tu trabajo es la misma,
mas quiero compartir contigo
los conjuros de la propia existencia.

Te busco,
para que caminemos juntos
en busca de la esperanza. ◆

QUEST

I seek you beneath the frost of the mountains.
My being succumbs to the pain.
I feel faint from exhaustion in the labyrinth,
my feet paralyzed.
In dreams I want to see the sun, which is in my dusk.
Chaos envelops my soul, not allowing me to develop new
experiences.
Quest.
Electric shocks run up and down my back,
kicks from men's feet torture my body,
the shocks confuse my thoughts,
the fear stifles my breathing,
the nights chill me in their loneliness,
the bitter cup is in my hands,
the saliva like bile in my mouth,
eluding martyrdom.
Quest.
My body a bag of bones,
gnawed by the hardships,
that shine in the night like stars,
to tell you
that the world needs you.
The routine of your work is the same,
but I want to share with you
the magic of existence itself.

I seek you,
so that we may walk together
in search of hope. ◆

COMUNISMO, CAPITALISMO, SOCIALISMO

Nos acusan de comunistas
mientras apoyan a gobiernos genocidas
en nuestros países.
Comunismo, socialismo, capitalismo.
En Guatemala, se vive en el capitalismo.
Es un gobierno militar.
Campesino que cruza la calle
es matado o ametrallado.
Capitalismo.
Ser indígena es pecado en mi país Guatemala.
En nuestra América, no es respetado ser indio.
Se nos niega la vida,
se nos explota,
se nos discrimina.
Los indios de América sabemos:
La idea del exterminio es la solución de países
«desarrollados»,
y desconocen nuestra resistencia por muchos siglos.
A los indios de la América
no nos han «vencido como pueblos».
Nosotros hemos confrontado las balas,
hemos sobrevivido, guardando nuestros secretos.
Comunismo, socialismo, capitalismo,
No son la solución de los problemas.
No son la bandera de una nación
con sistema impuesto;
son los anti-valores de los pueblos, como en Guatemala. ♦

COMMUNISM, CAPITALISM, SOCIALISM

They accuse us of being communists
while they support genocidal governments
in our countries.
Communism, socialism, capitalism.
In Guatemala we live under capitalism.
It is a military government.
A peasant who tries to cross the street
is murdered or machine-gunned.
Capitalism.
To be Indian is a sin in my country, Guatemala.
In our Americas, being Indian is not respected.
They deny us life,
exploit us,
discriminate against us.
We Indians of the Americas know:
Extermination is the solution of "developed" countries,
and our resistance has been ignored for centuries.
The Indians of the Americas
have not been "defeated as a people."
We have confronted the bullets,
we have survived, and kept our secrets.
Communism, socialism, capitalism.
They are not the solution.

They are not the banner of a nation
with an imposed system.
They are enemies of the people.
They are the anti-values of the people of Guatemala. ♦

ELECCIONES

Mañana serán las elecciones en mi país, Guatemala.
Todos tienen que ir a votar.
¿A quién elegir?
No sé.
Los diferentes partidos sí saben a quién elegir.
Pero el pueblo no sabe.
Si no van a votar, pagarán las consecuencias,
Los partidos políticos se aprovechan con sus mentiras,
y dirán, «el pueblo los eligió».

Mañana se elegirán los futuros dictadores en mi país,
así también, planificarán nuevas formas de represión,
creando y reformulando leyes excluyentes que oprimirán
más al pueblo.

Se proclamará la libre expresión del pensamiento,
mas el pueblo ya no lo cree en sus promesas;
está cansado,

Mañana son las elecciones en mi país.
Los campesinos obligatoriamente tienen que llegar a las
urnas en los pueblos,
porque es así como ser buenos ciudadanos según las leyes.
En un país de analfabetismo,
se le exige a la sociedad civil cumplir con las leyes,
pero no se le da oportunidades de tener acceso a la salud y
a la educación.

Elecciones y más elecciones pasarán.
Sólo los militares tendrán oportunidad de gobernar,
porque es un país de militares y capitalistas.

ELECTIONS

Tomorrow there will be elections in my country,
Guatemala.
Everyone has to go vote.
Whom to elect?
I don't know.
The various parties indeed know whom to elect,
but the people don't know.
But if they don't go and vote, they'll suffer the
consequences.
The political parties deceive them with their lies,
and will say "the people elected them."

Tomorrow the future dictators of my country will be
elected,
and new forms of repression will be planned,
discriminatory laws created and reformulated to further
oppress the people.

The free expression of ideas will be proclaimed,
but the people no longer believe in their promises.
They are fed up.

Tomorrow there will be elections in my country.
The peasants are required to go to town to the polls
because the law says that's what good citizens do.
In a country of illiteracy,
civilians are forced to obey the law,
but is not given opportunities or access to health care and
education.

Elections and more elections,

Mañana serán las elecciones en mi país;
la gente mejor en la revolución que en las elecciones.
Eso
lo saben el gobierno y los candidatos a presidente en su
orden jerárquico de autoridades,
que el pueblo ya no cree en ellos.

Mañana serán las elecciones en mi país.
Utilizarán la represión para lograr sus fines,
controlando hasta los lugares más apartados del país.
Se castigará y se matará a los que desobedezcan sus leyes.
Los helicópteros y las metrallas seguirán en las montañas.

Mañana serán las elecciones en mi país;
se cerrará el aeropuerto para que nadie salga del país y
se controlarán los puentes,
las carreteras y otros lugares
para que nadie
se escape en el cumplimiento de sus deberes cívicos. ◆

they will come and go, but only the military will have the
chance to govern,
because Guatemala is a country of the military and the
capitalists.

Tomorrow there will be elections in my country;
the people choose revolution over elections.
This
the government and the presidential candidates in their
hierarchical order of authority know:
that the people no longer believe in them.

Tomorrow there will be elections in my country.
They will use repression to achieve their goals,
controlling even the most isolated areas of the country.
They will punish and kill all who disobey their laws.
The helicopters and machine guns will remain in the
mountains.

Tomorrow there will be elections in my country;
the airport will be closed so that no one can leave the
country and
the bridges, highways, and other exits
will be controlled
in order that no one
escapes the performance of their civic duty. ♦

POBRES SOLDADOS

Los soldados son nuestros hermanos,
los soldados son parte de nuestro pueblo.
Los soldados también son campesinos.

Pobres los soldados,
ellos son inocentes y víctimas de la guerra.
Los soldados son serviles del sistema.
Pobres los soldados,
cuando van a masacrar a los pueblos
son inyectados de drogas.

Pobres los soldados.
Sí, el soldado es tu hermano,
el soldado es mi hermano,
el soldado es tu hijo.
Ellos, ellos son también criaturas del Creador y Formador,
ellos también son humanos,
y tienen corazón y pensamientos.
Los soldados también están explotados,
Sí, el soldado está comprado,
el soldado está esclavizado por las leyes,
el soldado está con las yuntas de las órdenes como perros
de los ricos.

Pobres los soldados,
ellos pasan por muchos sufrimientos,
ellos no son respetados, se les niega sus valores,
ellos no tienen voz ni voto en los cuarteles,
ellos también forman parte de nuestra historia,
sí, el ejército también necesita de nosotros para entender
sus raíces. ◆

POOR SOLDIERS

The soldiers are our brothers,
they are part of our own people.
The soldiers are peasants too.

Poor soldiers,
they are innocent and victims of the war.
The soldiers are slaves of the system.
Poor soldiers,
when they go to massacre the villages
they are injected with drugs.

Poor soldiers.
Yes, the soldier is your brother,
the soldier is my brother,
the soldier is your son.
They, they too are children of the Creator and Former,
they too are human
and have hearts and thoughts.
The soldiers too are exploited.
Yes, the soldiers are bought,
the soldiers are enslaved by the laws,
the soldiers bear the yoke of orders like dogs of the rich.

Poor soldiers,
they endure a lot of suffering,
they are not respected, their values are denied,
they have no say-so in the barracks,
they too are part of our history.
Yes, the army needs our help to understand its own roots. ♦

●●●●

TOMANDO LA PALABRA

SOLEDAD A LA MUERTE

¡Ah! Soledad, amiga de la muerte,
te temo; cuando pienso en ti
siento desfallecer,
porque yo nací para ser luz.
Nací en octubre para cantarle a la vida,
no nací para ti, soledad.

Soledad, enemiga de la vida,
me has esclavizado con la muerte de mis tres hermanos.
No permites mi desarrollo,
me has envuelto con tu negra noche,
me enlutas el alma.

Soledad, déjame continuar mi jornada,
deja que yo sea una vela,
deja que camine junto con el hambriento,
deja que cante a la vida,
déjame despertar a los muertos en las tumbas, y
comunicarme con mis ancestros.
Déjame ser una sola fuente en el océano.

Soledad, aún no quiero la muerte;
ya ha habido tantos muertos.
No más, soledad.
Yo nací con la esperanza de ser antorcha y
fuente de triunfo para la liberación.

Vete soledad,
no quiero ser tu amiga: adiós. ◆

●●●●

SPEAKING OUT

DEATH TO LONELINESS

Ah, Loneliness, friend of Death!
I fear you; when I think of you
I feel faint and weak,
because I was born to be a light.
I was born in October to sing to life,
I was not born for you, Loneliness.

Loneliness, enemy of life,
you have enslaved me with the deaths of my three brothers.
You do not allow me to grow,
you have shrouded me in your black night,
you cast a shadow of mourning on my soul.

Loneliness, let me continue my journey,
let me be a candle,
let me walk with the hungry,
let me sing to life,
let me awaken the dead from their graves and
communicate with my ancestors.
Let me be a single fountain in the ocean.

Loneliness, I do not yet desire death,
there have been so many dead already.
No more, Loneliness.
I was born with the hope of being a torch
and a source of triumph for liberation.

Go away, Loneliness,
I don't want to be your friend: good-bye. ◆

AL DESPERTAR

De mis ojos brotan gotas de agua.
Mi alma llora como una niña,
la niña que quiere reposar.
Es así el dolor,
la gente se cansa de luchar,
el cansancio nos abate
para hacernos callar,
mas el hambre nos obliga a continuar diferentes rumbos
en busca de nuevos horizontes y
con la esperanza de un nuevo amanecer.

Mi plegaria,
para reanudar mi esperanza.
Entrego mi amor
que es lucha y revolución
para peregrinar con mi pueblo
que sufre por el hambre y miseria en mi país.

El pueblo maya oprimido marcha en las montañas,
en busca de la liberación, que es la autodeterminación,
guiado por los Creadores,
en recuperación de la tierra usurpada por los españoles.

Nadie apagará su voz;
sus hijos e hijas, y los sabios y los nietos continuarán esa
lucha hasta que todos se levanten. ◆

AWAKENING

Teardrops spring from my eyes.
My soul cries like a little girl,
the little girl who wants to rest.
Such is pain,
people tire of fighting,
exhaustion crushes us
to silence us,
but hunger forces us to take different paths,
in search of new horizons, and
with the hope of a new dawn.

My prayer,
to renew my hope.
I surrender my love,
which is struggle and revolution,
to go on a pilgrimage with my people
who suffer in hunger and misery in my country.

The oppressed Maya people march in the mountains,
in search of liberation, which is self-determination,
guided by the Creators,
to recover the land taken from them by the Spaniards.

No one will drown out their voices.
Their sons and daughters, the wise people and their
grandchildren will continue the struggle
until everyone rises up. ◆

HOY, MAÑANA Y LOS NIÑOS

Viendo los ojos de los niños
caminando con la antorcha,
la gente del maíz,
la luz la encontramos en los niños,
la encontramos en los pueblos
que son el futuro.
Y
por eso te cantamos,
te cantamos con amor.

Los ancianos que sufren en las calles
atados por la miseria
en Guatemala,
Centro América te invita
como hermano,
tomándote la mano,
presente hoy está.

Mañana florecerán más semillas
que van germinando junto con el sol.
Los niños que cantan hoy al pueblo,
que cantan hoy al cielo,
están en Guatemala

Y por eso presentes están,
presentes están. ◆

TODAY, TOMORROW AND THE CHILDREN

Looking into the children's eyes,
carrying the torch,
the people of corn,
we find the light in the children,
we find it in the people
who are the future.
And
that's why we sing to you,
we sing to you with love.

The old people who suffer on the streets
bound by poverty
in Guatemala,
Central America invites you
as a brother,
taking you by the hand,
present here today.

Tomorrow new seeds will blossom,
sprouting with the sun.
The children who sing to the people today,
who sing today to heaven,
are in Guatemala.

And that's why they're present with us,
present with us. ♦

¡ENTRAS TÚ!

Mientras tú no cantes,
mientras tú no te solidarices con los pueblos,
mientras tú discrimines,
mientras tú comas bien y
no te des cuenta del niño huérfano,
de la mujer viuda,
del hombre que se alimenta de raíces,
del anciano en agonía,
de la mujer embarazada y
de la mujer violada,
las flores seguirán marchitándose,
los campos seguirán secándose,
las vidas seguirán apagándose
y las sonrisas seguirán desapareciendo.
Mientras tú no razones,
¿quién se acordará del que no tiene alimento?
¿quién se acordará del desnudo?
¿quién le dará de beber al que tiene sed?
¿y quién le dará amor? ◆

YOU ENTER IN!

As long as you don't sing,
as long as you don't support the people,
as long as you discriminate,
as long as you eat well and
ignore the orphan,
or the widow,
the man who eats only roots,
the old man who is in the throes of death,
or the pregnant woman and
the one who has been raped,
the flowers will keep wilting
the fields will keep withering,
lives will keep being snuffed out
and smiles will keep disappearing.
As long as you don't reason,
who will remember the hungry?
who will remember the naked?
who will give the thirsty drink?
and who will give them love? ♦

REFUGIO

MI PUEBLO

Mi pueblo canta,
yo canto.

Mi pueblo está sufriendo,
yo sufro con él.

Mi pueblo tiene esperanza,
yo soy la esperanza.

Mi pueblo tiene su religión,
yo rezo por la vida.

Mi pueblo lucha,
yo lucho a la par.

Mi pueblo en cárceles clandestinas,
yo encarcelada en el refugio,
yo lloro, medito y rezo con las notas de la marimba.
La ausencia de hermanos de mi tierra,
yo grito al mundo
y pido solidaridad
porque amo a ese pueblo. ◆

REFUGE

MY PEOPLE

My people sing,
I sing.

My people are suffering,
I suffer with them.

My people have hope,
I am hope.

My people have their religion,
I pray for life.

My people struggle,
I struggle alongside them.

My people in clandestine jails,
I confined in the refuge,
I cry, meditate and pray with the notes of the marimba.
Far from the brothers and sisters of my homeland,
I shout to the world
and appeal for solidarity
because I love my people. ◆

EL ANDAR DEL POBRE

Hombres que caminan a otros horizontes,
hombres que caminan buscando tortillas,
hombres que labran la cara de Indoamérica con sus pasos,
hombres que llevan en ellos la herida de una injusticia que
se practica en su tierra,
hombres que vienen del campo a la ciudad,
mujeres, niños y jóvenes desnutridos, que cruzan montañas
y vuelan sobre volcanes,
personas que dejan el verdor de los campos de su madre
tierra.
El andar del pobre,
hombres que caminan sobre la eterna primavera
al lugar de la eterna matadera,
hombres cruzando fronteras impuestas, soportando hambre,
mujeres aguantando frío de miedo y dolor por el río Bravo
o Tijuana,
niñas, niños huérfanos mendigando en las calles de la
ciudad.

El andar del pobre,
personas sin abrigo y descalzos,
cuerpos que caminan de día y de noche sin descanso,
hombres, mujeres y niños defendiéndose para sobrevivir,
pasando fronteras bajo escombros y puentes,
escondiéndose de la migración,
porque ni aquí ni allá hay vida para ellos,
y dondequiera que vayan siempre se tropezarán contra los
sistemas.
Estas personas serán discriminadas y explotadas,
ya sea en el campo o en la ciudad,
dondequiera que estén. ♦

THE WALK OF THE POOR

Men who walk toward other horizons,
men who walk seeking nourishment,
men who carve the face of Indoamerica with their steps,
men who carry within them the wounds of an injustice that
is practiced in their land,
men who come from the countryside to the city,
malnourished women, children and youth, who cross
mountains and fly over volcanoes,
people who leave behind the green of the fields of their
Mother Earth.
The walk of the poor,
men who walk upon the eternal spring
to the place of eternal slaughter,
men crossing invented borders, going hungry,
women suffering the cold of fear and pain in the Rio
Grande or Tijuana,
orphaned girls and boys begging in the streets of the city.

The walk of the poor,
barefoot people without shelter,
bodies that walk day and night without rest,
men, women and children defending themselves in order to
survive,
crossing borders under rubble and bridges,
hiding from immigration,
because neither here nor there is there life for them,
and wherever they go they will always come up against the
systems.
These people will be discriminated against and exploited,
whether in the countryside or in the city,
wherever they are. ◆

AUSENCIA DE MADRE

Madre,
la fuente de tu amor es inmensa.
El calor que emana de tu corazón es la vida.
Ahora sumergida en el mar por la frialdad que me rodea,
por los mares que nos separan,
por el viento que me acaricia en la soledad.
Siento un dolor grande por tu ausencia.

Madre,
necesito de tu amor,
necesito tus caricias.
Siento frío, dolor y
necesito que me cubras con tu güipil multicolor
para volver a mi niñez.
Necesito respirar el aire puro de tu montaña,
quiero oler el aroma de las flores,
necesito un corazón que palpite.

Madre,
me encuentro en los brazos de California,
con el corazón temblando de frío,
mis ojos alzan al cielo con una mirada de esperanzas para
volver a tus campos.
Ahora
que me encuentro en un pedestal de plata,
rodeada de música,
me siento como un pájaro enjaulado en medio de tantas
culturas,
me siento enjaulada por la falta de comunicación por los
diferentes idiomas,
y me siento confundida; la vida de acá se vuelve un caos.

A MOTHER'S ABSENCE

Mother,
the fountain of your love is immense.
The warmth from your heart is life.
Now, submerged in the sea by the chill that surrounds me,
by the seas that separate us,
by the wind that caresses me in my loneliness.
I feel a great pain at your absence.

Mother,
I need your love,
I need your caresses.
I feel cold and pain.
I need you to cover me with your güipil of many colors
to return to my childhood.
I need to breathe the clean air of your mountains,
I want to savor the fragrance of the flowers,
I need a heart that beats.

Mother,
I am here in the arms of California,
my heart trembling from the cold.
I lift my eyes to heaven with a gaze of hope, to return to
your fields.
Now
that I find myself on a silver pedestal,
surrounded by music,
I feel like a caged bird amidst so many cultures.
I feel trapped by the lack of communication because of the
different languages,
and I feel confused; life here becomes chaos.

Madre,
los de California tienen corazón; son buena gente,
pero no entienden nuestra historia.
Me hace falta el calor de tus brazos.
Ellos sufren, pero no sufren como el sufrimiento nuestro.
Tienen hijos, pero no son desnutridos ni descalzos.
Tienen oídos,
pero no tienen tiempo para escuchar.

Madre tierra,
si estuviera en tus brazos,
no sufriría, ni lloraría, no necesitaría pedirte una cita.
Bastaría con verte, y estar contigo. ◆

Mother,
the people of California are good; they have hearts,
but they don't understand our history.
I yearn for the warmth of your arms.
They suffer, but not like our suffering.
They have children, but theirs aren't malnourished or
barefoot.
They have ears, but no time to listen.

Mother Earth,
if I were in your arms,
I would not suffer or cry, and I wouldn't have to ask for an
appointment.
It would be enough to see you, and be with you. ♦

PAPÁ Y MAMÁ

Cuando veo sus rostros en los retratos
mi alma solloza,
mi corazón palpita
de aquellas sombras y,
yo suspiro por su ausencia.
Me da dolor y
me da alegría; siento un vacío al estar lejos de ustedes.
Un mar nos separa por la guerra.
El inmenso espacio me tortura ,
Estoy deprimida y se llenan de lágrimas mis ojos,
y me siento sola,

Papá y Mamá, al ver sus fotos,
recuerdo aquellos tiempos que juntos, la familia caminamos
juntos.
Juntos luchábamos para sobrevivir y ahora
me encuentro sin su apoyo.
Me encuentro caminando,
cargando el dolor de aquellos momentos.
Quisiera descansar de ese caos.
Mi alma azotada,
está vacía y de luto por mis hermanos.
Estoy cansada de vivir la pobreza.
Quiero abrir la ventana siguiente.
El aire me acongoja cada día
mi mente está turbia de emociones y visiones.

Papá, Mamá,
quiero cobijarlos con mis brazos,
quiero acariciarlos con mis gestos de amor,
quiero compartir mi vida con ustedes y con todos,

DAD AND MOM

When I see your faces in pictures,
my soul weeps,
my heart throbs
from those shadows and
I sigh at your absence.
I feel pain and
I feel joy; I feel emptiness at being so far from you.
A sea separates us because of the war.
The immense space tortures me.
I am depressed and my eyes fill with tears,
and I feel alone.

Dad and Mom, when I see your pictures
I remember those times together, when we walked together
as a family,
together we struggled to survive and now
I am without your support.
I am walking,
carrying the sorrow of those moments.
I would like to rest from that chaos.
My soul is scourged,
It is empty and in mourning for my brothers.
I am tired of experiencing poverty.
I want to open the next window.
The air torments me every day,
my mind clouds with visions and emotions.

Dad, Mom,
I want to shelter you in my arms,
I want to touch you with my gestures of love,
I want to share my life with you and with everyone,

quiero llorar pero no me salen lágrimas.
Siento morirme al no verlos,
el amor sin medidas de la vida.
Quiero heredar la bondad de ustedes.
Y quiero el don de la espiritualidad de mi pueblo.
Quiero entregarme total al servicio de mis hermanos
en esa guerra interna, porque creo en la vida y en el futuro. ◆

AMIGO

Amigo, cuando oí tu voz
sentí calmar mi sed,
fue como un vaso de agua refrescante
transmitido con palabras la vida.
Sentí un ensamblaje de dos vidas,
unidas por la visión,
como ver un retrato, mis ojos lagrimosos en los tuyos y
los tuyos en los míos,
la aflicción y
el desamparo del peregrinaje empezado,
sin límites,
y que cada vez tiene más tropiezos,
pruebas y más golpes,
resumidos en los sufrimientos.
Amigo, desde entonces rezamos juntos,
arrancamos juntos la lucha.
Tú, allá y yo, acá,
juntos con el llanto amargo,
juntos sollozamos con el silbido del viento,
y juntos construiremos una nación justa y de paz,
en las milpas y frijoles mayas. ◆

I want to cry but the tears won't come.
I feel I am dying without seeing you,
love without measure to life.
I want to inherit your goodness.
And I want the gift of spirituality of my people,
I want to surrender myself completely in service to my
brothers and sisters
in that internal war, because I believe in life and a
tomorrow. ♦

FRIEND

Friend, when I heard your voice
I felt my thirst quenched,
as with a glass of refreshing water
imparted with words of life.
I felt a joining of two lives,
united by a vision,
like seeing a portrait, my tear-filled eyes in yours and
yours in mine,
the grief and
loneliness of the pilgrimage begun,
endless,
with ever more stumbling blocks,
trials and tribulations
summed up in sorrows.
Friend, from that moment on we've prayed together,
we've pulled together in the struggle.
You, there, and I, here,
together through our bitter tears,
together we weep with the whistling of the wind,
and together we will build a nation of peace and justice
in the corn and bean fields of the Maya. ♦

LA VISITA AL PARQUE

Sollozando de frío en el parque, viendo vientos,
vientos de mensajes de la madre naturaleza,
aire que nos alimenta.
Reflexionamos, sentados sobre la grama,
los poros de tierra evaporaban y
los rayos de sol salieron entre las montañas,
su luz, iluminó la naturaleza.
El verdor de los árboles nos vistió con sus hojas verdes de
esperanza.
El Creador nos bendijo con los pinos,
el cantar de los pájaros en el amanecer de un nuevo día.
El Creador nos dio el aire puro,
para limpiar y abrir nuestras mentes para tener nuevas
iniciativas y
abre nuestros corazones a la vida.
Un diciembre 31 de 1982.
Los poetas dibujan en poesía la experiencia.
Cuatro personas en ese cuadro.
Un día de memoria y oración para nuestra tierra,
cuatro hijos de los mayas redactando la nueva historia en
California.
José S., Lola, Fausto y Caly. ♦

THE VISIT TO THE PARK

Sobbing from the cold in the park, seeing winds,
winds of messages from Mother Nature,
air that nourishes us.
Sitting on the grass, we reflected,
the pores of earth evaporated and
the sun's rays came through the mountains,
its light brightened nature.
The green of the trees adorned us in its leaves of hope;
the Creator blessed us with the pines,
the singing of the birds at the dawn of a new day.
The Creator gave us clean air,
to purify and open our minds to have new initiatives and
open our hearts to life.
A December 31 of 1982.
Poets sketch experience in verse.
Four people in that picture.
A day of remembrance and prayer for our land,
four sons and daughters of the Maya writing the new story
in California.
José S., Lola, Fausto and Caly. ♦

TESTIMONIO

TRES HERMANOS

Queridos hermanos:
Gracias por la compresión que me dieron.
Gracias por la atención que me dieron.
Gracias por tomarme en cuenta en todas sus actividades.
Gracias por todo.
Fueron no sólo mis hermanos de sangre
sino también, mis mejores amigos.
Gracias por el respeto
y consideración que me dieron.

No hay palabra para expresar nuestra unidad.
Sólo sé que compartimos nuestras experiencias,
nuestras penas y nuestras alegrías.
Aunque haya un cielo que nos separa,
no me siento sola.
Sé que estamos unidos en espíritu.
Aunque el dolor y la distancia me agobian,
todavía tengo esperanzas
de encontrarnos en la resurrección algún día,
no muy lejano.

A la vez me conformo
al pensar que ustedes fueron matados
pero no matones.
Sé que ustedes son mártires,
inocentes y santos.

TESTIMONY

THREE BROTHERS

Dear brothers:
Thank you for the understanding that you gave me.
Thank you for the attention that you gave me.
Thank you for considering me in all your activities.
Thank you for everything.
You were not only my blood brothers,
but also my best friends.
Thank you for the respect
and consideration that you gave me.

There are no words to express our unity.
I only know that we shared our experiences,
our sorrows and our joys.
Although the sky may separate us,
I do not feel alone,
I know that we are united in spirit.
Although the pain and the distance wear me out,
I still have the hope
that we will meet in the resurrection someday,
not long from now.

At the same time it comforts me
to think that you were killed,
but you were not killers.
I know that you are martyrs,
innocents, and saints.

Sé también que son espíritus vivientes
protectores e intercesores por su pueblo.
Doy gracias a cada uno de ustedes:
A ti, José.
Tú abriste los ojos a nosotros el 17 de septiembre de 1951
y nos dejaste el 22 de junio de 1981,
enlutados por esta violencia política.
Gracias por tu optimismo, tus bromas, y sonrisa que nos
dejaste y gracias por tu espíritu tierno.

Gracias a tí, Cruz.
El 22 de julio de 1961 nos abriste los ojos por primera vez,
y el 27 de diciembre de 1981, al desaparecer,
la flor de tu vida fue destruida.
Gracias por tu silencio, signo de reflexión.
Gracias por tu música,
tu consideración y tu respeto.
Gracias por tu buen ejemplo.

Y a ti, Narciso,
mi querido Ch'ip, mi hermanito chiquito,
gracias, nos hiciste felices el 28 de octubre de 1966
y fuiste vilmente asesinado el 16 de febrero de 1982.
Hermanito, gracias por tu cariño.
Gracias por tu presencia,
tu risa, tu mirada de esperanza.
Gracias por tu confianza,
gracias por todo lo que nos diste.

Tu cuerpo descansará
Mas tu espíritu vibrará entre nosotros eternamente. ◆

I know too that you are living spirits
that protect and intercede for your people.
I thank each one of you:
You, José,
you opened your eyes to us on September 17, 1951
and you left us on June 22, 1981,
in mourning from this political violence.
Thank you for your optimism, your jokes, and the smile
that you left us, and thank you for your sensitive spirit.

Thanks to you, Cruz.
July 22, 1961 you first opened your eyes to us,
and December 27, 1981, when you disappeared,
the flower of your life was destroyed.
Thank you for your silence, a sign of reflection.
Thank you for your music,
your consideration and your respect.
Thank you for your good example.

And to you, Narciso,
my beloved Ch'ip, my little brother,
thank you, you made us happy on October 28, 1966
and you were cruelly murdered on February 16, 1982.
Little brother, thank you for your love.
Thank you for your presence,
your laughter, your expression of hope.
Thank you for your trust,
thank you for everything you gave us.

Your body will rest,
but your spirit will live with us forever. ♦

CRUZ

Tu nombre significa martirio.
Fuiste siempre un hombre callado,
enigmático.
Quise compartir contigo,
tus apuros,
tus sufrimientos,
tus angustias,
tus éxitos,
tus alegrías. Fuiste hombre introvertido
pero alegre en el corazón,
y
nadie supo tus apuros,
nadie supo tus pesares.
Desde chiquito empezaste a ganar las tortillas de cada día,
con torrentes de sudores malgastaste tus energías
en las algodoneras y fincas de terratenientes.
Fuiste siempre humilde, desde niño observador;
fuiste fiel y responsable.
Demostraste tu valentía y capacidad
cuando llevabas en tu espalda los dos quintales de algodón
que juntabas con tus manos toscas en las costas del trabajo
duro que realizabas cada día.
Trabajando de sol a sol,
ganabas los dos o tres quetzales que te daban los
explotadores de las fincas y algodoneras y
llegabas todo triste, demacrado, desnutrido, sucio a nuestra
casa en la aldea,

Enfermo muchas veces, los pocos quetzales que ganabas en
el mes,
no te alcanzaban para comprar tu ropa,

CRUZ

Your name means martyrdom.
You were always a quiet man,
enigmatic.
I tried to share
your hardships,
your suffering,
your anguish,
your successes,
your joys. You were quiet
but with a joyful heart,
and
no one knew your hardships,
no one knew your sorrows.
As a small child you began to earn your daily tortillas.
With streams of sweat you exhausted your energy
in the cotton fields and on
the large landholders' plantations.
You were always humble, an observer since childhood.
You were loyal and responsible.
You demonstrated your courage and ability
when you carried two hundredweight of cotton on your
back that you picked with your coarse hands,
on the coastal plantations, from the hard work you did each
day.
Working from dawn 'til dusk,
you earned the two or three quetzales that the exploiters
on the cotton plantations paid you and
you came back sad, emaciated, malnourished, and dirty to
our home in the village.

Often ill, the few quetzales you earned each month

para tu medicina nada.

Cruz,
Conociste varias fincas en la costa sur.
Conociste varios explotadores en tu corta vida.
También pasaste hambre,
soportaste el frío de injusticia en los cafetales,
aguantaste el calor en las algodoneras.

Probaste la comida que dan a miles de nuestros hermanos;
soportaste las humillaciones como todos,

Aceptaste la alimentación de una vez al día,
los frijoles sin sal nadando en el agua,
y a veces frijoles descompuestos que les sobraban del día
anterior.
Según éstos es la la comida de los pobres.

Cruz,
desde entonces comprendiste la realidad de la vida,
te diste cuenta de la miseria del hombre,
comprendiste la situación y entendiste nuestra pobreza.

Desde entonces cargaste tu cruz secretamente.
Trabajaste como adulto,
caminaste largas distancias para sobrevivir y
buscabas formas para culminar tus estudios.
Ahora ¿qué vamos a hacer nosotros sin ti y sin José? ♦

were not enough to buy clothes,
nothing for medicine.

Cruz,
you worked on several plantations on the southern coast.
You met many exploiters in your short life.
You also went hungry,
endured the cold of injustice on the coffee plantations,
withstood the heat of the cotton fields.

You tasted the food given to thousands of our brothers and
sisters.
You bore the humiliations like everyone.

You accepted the one meal a day,
unsalted beans floating in water,
and sometimes rancid beans from the day before.
They say this is the food of the poor.

Cruz,
from then on you understood the reality of life,
you realized the misery of our people,
you understood the situation and our poverty.

From then on you bore your cross secretly.
You worked like an adult,
you walked long distances to survive and
you found ways to finish school.
Now what are we going to do without you and José? ◆

MIS HERMANOS MÁRTIRES

Cuando escucho nuestras canciones,
cuando me sumerjo en los momentos inolvidables,
cuando recuerdo nuestras aventuras, alegrías y el compartir
el dolor humano,
gruesas lágrimas humedecen mis mejillas.
Luego cierro los ojos y
retengo en la garganta,
un nudo de dolor que tortura mi alma.

Pienso que ustedes siempre están conmigo,
que cantan,
que rezan,
que lloran y siguen aguantando la opresión e injusticia en
nuestro pueblo.

Es cierto; ustedes dejaron el vacío sobre la madre tierra,
pero en silencio viven en ella.
Dejaron un vacío en el corazón que hoy me inquieta y
zozobra mi alma.
Se esfumaron sus rostros.
La vida es un abrir y
cerrar de ojos
pero,
sé que el espíritu de ustedes
sigue latente en la mente y
el corazón de todos los que luchamos
por una justicia de igualdad sobre la tierra.

Suspiro tras suspiro,
nuestros cuerpos ya no comparten la dicha y la desgracia de
la vida,

MY MARTYRED BROTHERS

When I hear our songs,
when I immerse myself in the unforgettable moments,
when I remember our adventures, joys and sharing of
human pain,
big tears roll down my cheeks.
Then I close my eyes and
hold back in my throat
a lump of pain that tortures my soul.

I believe that you are always with me,
that you sing,
that you pray,
that you cry and continue to bear the oppression and
injustice in our homeland.

It's true, you left a void upon Mother Earth
but in silence you live within her.
You left a void in my heart that today disquiets me and
shakes my soul.
Your faces disappeared.
Life is a blink of an eye
but
I know that your spirits
live on in the minds
and hearts of all of us who fight
for justice and equality upon the earth.

Sigh after sigh,
our bodies no longer share the joys and sorrows of life,
but,
in spirit, we share everything,

pero
en espíritu, sí compartimos todo,
Ustedes dejaron de escribir la historia,
pero
continuaré aunque mis pies tropiecen contra las rocas de
sistemas manejado por los hombres.
Continuaré hasta que se cierre mi boca,
y continuaré sembrando el maíz y el frijol hasta que se
apaguen mis ojos.
Seguiré amando hasta que mi cuerpo descanse,
para compartir mis hazañas en la otra vida con ustedes,
mis hermanos mártires. ♦

You stopped writing history,
but
I will persevere, although my feet stumble over the rocks of
systems manipulated by men.
I will go on until my mouth is closed,
and I will continue planting corn and beans until the light in
my eyes goes out.
I will keep loving until my body rests,
so that in the next life I may share my heroic deeds with
you, my martyred brothers. ♦

ARRANCARÁN NUESTRAS VIDAS

Arrancarán nuestras vidas,
nos despojarán de nuestras casas,
violarán nuestros derechos,
pero no nos vencerán.

Las semillas brotadas,
el espíritu en nuestros pueblos no morirá.

Arrancarán nuestros corazones,
torturarán nuestros cuerpos,
pero no acabarán con las nuevas generaciones
y serán ellos el futuro del pueblo maya.

Muchos somos, muchos refugiados,
muchos quedamos huérfanos,
muchas quedamos viudas,
y muchos vivimos peregrinando con la esperanza,
llorando por el martirio.

Nuestros ideales siguen germinando,
buscando nuevos soles
hacia nuevos horizontes
que iluminarán nuestras vidas.

No podrán acabar con nosotros; somos muchos.
Somos un pueblo, estamos unidos para seguir adelante
unidos en la visión,
unidos en nuestras luchas.

La sangre derramada de nuestros hermanos,
nos alimenta, nos fortalece
nos compromete a seguir adelante,
confirma en nosotros el carácter de un pueblo en
comunidad. ◆

THEY WILL TAKE AWAY OUR LIVES

They will take away our lives,
they will rob us of our homes,
they will violate our rights,
but they will not defeat us.

Sprouted seeds,
the spirit of our people will not die.

They will tear out our hearts,
they will torture our bodies,
but they will not destroy the new generations
and these will be the future of the Maya people.

There are many of us, many refugees,
many of us were orphaned,
many of us were widowed,
and many of us are pilgrims wandering with hope,
weeping from the martyrdom.

Our ideals continue to germinate,
seeking new dawns,
toward new horizons
that will illuminate our lives.

They cannot finish us off; we are many.
We are one people, we are united moving forward,
united in vision,
united in our struggles.

The spilled blood of our brothers and sisters
nourishes us, strengthens us
impels us to go on
confirms our character as a people in community. ♦

ANSIEDAD

Dejé, dejé, dejé,
dejé que volaran.
Volaron sus vidas,
llevó el viento sus almas.

Dejé, dejé
Dejé que volaran.
Hoy,
silenciosamente caminan los muertos a mi alrededor;
sus almas no han muerto.
Están arriba, están abajo, están a los lados y
están por todos lados.
Dejé, dejé,
dejé que volaran,
Ellos siguen existiendo. ◆

ANXIETY

I let, I let, I let,
I let them fly.
Their lives flew away,
the wind taking their souls.

I let, I let,
I let them fly.
Today,
the dead walk silently around me;
their spirits have not died.
They are above, below, on each side and
all around.
I let, I let,
I let them fly.
They keep on existing. ◆

EL RETORNO

EL LLANTO DE LA MUJER

Ayer una mujer lloró,
hoy dos mujeres lloran,
mañana mujeres llorarán.

Unas lloran en sus casas,
otras lloran en los campos de refugio,
otras lloran en el exilio,
todas lloran.
Lloran por el sufrimiento fuerte que les ha tocado vivir.
Todo es una lucha constante.
Y también se ríen,
porque saben que el sufrimiento es importante para
madurar y continuar la vida. ♦

CANDELAS

Candelas encendidas por todas partes,
tantas candelas, pero no había luz,
cuerpos moviéndose, encendiendo más candelas.
Cuando las personas salían, sus candelas se apagaban.

Candelas encendidas por todos lados.
Candela es el espíritu de cada ser humano.
Entre todos encendían las nuevas candelas.

Candelas encendidas por todas partes,
candelas que se encienden y se apagan.
Así es la lucha,
unos nacen y otros mueren. ♦

COMING HOME

WOMEN'S WEEPING

Yesterday a woman cried,
today two women cry,
tomorrow women will cry.

Some cry in their homes,
others cry in refugee camps,
others cry in exile,
they all cry.
They cry because of the tremendous suffering they have
experienced.
Everything is a constant struggle.
And they laugh too,
because they know that suffering is important
in order to grow and go on with life. ♦

CANDLES

Candles burning everywhere,
so many candles but there was no light,
bodies moving, lighting more flames.
As the people went out, so too did their candles.

Candles burning everywhere,
each one a human spirit.
Together they lit the new flames..

Candles burning everywhere,
candles that light and go out.
Such is the struggle,
some are born and others die. ♦

LA LUCHA

Volaron las vidas,
el viento arrebató almas.
Ahora nos rodean los cadáveres de muertos,
nos alegra y nos entristece su ausencia.
Han quedado las huellas de sus recuerdos.
Sus gritos de dolores no olvidamos por las torturas.
Martillaron nuestros corazones.

Lucha,
El dolor nos ahoga.
El llanto exprime nuestros ojos.
La angustia nos hace pronunciar ridiculeces.
Quisiéramos volar con los muertos para estar juntos y
compartir nuestras alegrías y
tristezas como solíamos hacerlo.

Nos olvidamos que la misión no ha concluido,
que las injusticias siguen su marcha y
no podemos detenerlos en lamentaciones.
Nuestra lucha continúa hasta que se apaguen nuestros ojos,
descansen nuestros cuerpos y cuando vuelen nuestros
espíritus. ◆

THE STRUGGLE

Lives blown away,
souls snatched by the wind.
Now the bodies of the dead surround us,
their absence both cheering and saddening us.
The traces of their memories remain.
Their cries of pain we cannot forget
for the torture tormented our hearts.

Struggle,
the pain smothers us.
We have no tears left to cry.
Our grief causes us to say absurd things.
We wish we could fly away with the dead, to be together
and share our joys and
sorrows as we used to do.

We forget that our mission has not ended,
that injustice continues its march and
we cannot stop to mourn.
Our struggle will continue until the light in our eyes goes
out,
our bodies rest and our spirits soar. ♦

MI VIAJE

Con corazón sólido regreso a casa
con el cerebro lleno de pensamiento de esperanzas y
puño combatiente.

Cuerpo sano y espíritu alimentado por la lucha,
y por la solidaridad de las compañeras
el trabajo con los niños,
el trabajo con las viudas,
hace el corazón sólido y resistente,

Mujer callada, segura,
haciendo revolución. ♦

RÍO DE PLATA

Por el desencuentro de las nubes
viene esta luz en momentos
sobre el espejo de agua,
corriendo va y refractando la ancestral incógnita.

Hay destellos dorados
y en la quietud del hábito,
que en lo remoto tiene su raíz,
busco y descubro el mito
bajo la calidez. ♦

MY JOURNEY

With a sound heart I return home,
my mind filled with thoughts of hope, and
a fighting fist.

A healthy body and soul nourished by the struggle
and by the solidarity of my *compañeras,*
my work with children,
my work with widows,
my heart grows stronger and resistant.

A silent woman, self-assured,
making revolution. ◆

RIVER OF SILVER

With the clouds' departure
comes this momentary light,
upon the watery mirror
flowing and refracting its ancient mystery.

There are golden sparkles
and in the stillness of tradition,
whose root is in the distance,
I seek and find the myth
beneath the warmth. ◆

VISIÓN

Volando entre nubes,
escuché voces; que son cantos del viento.
Volando entre nubes,
sobre montañas,
sobre volcanes y sobre ciudades,
en la atmósfera,

Volando entre nubes,
me acaricia el aire.
Llevo al compás del tiempo un mensaje a la humanidad.

Volando entre nubes,
escribo poemas
que es canto de la gente;
poemas que expresan el llanto de la mujer,
escribo y recuerdo de aquella mujer milenaria,
que tiene poder y visiones por una sociedad.

Volando entre nubes,
camino sobre la tierra,
busco la libertad para todos.
No es visión, es una realidad cuando me desperté. ◆

VISION

Soaring amidst clouds,
I heard voices; they are the song of the wind.
Soaring amidst clouds,
over mountains,
over volcanoes and over cities,
in the atmosphere.

Soaring amidst clouds,
the air caresses me.
To the rhythm of time, I carry a message to humanity.

Soaring amidst clouds,
I write poems
that are the song of the people,
poems that express woman's weeping.
I write and remember that timeless woman
who has power and visions for a society.

Soaring amidst clouds,
I walk upon the earth,
I seek freedom for all.
It is not a dream; when I awoke it was a reality. ♦

POEMA

Poema, escribo.
Poemas, digo.
Sentimiento y voz del pueblo,
que vibran en mis entrañas
porque no soy extraño del pueblo.
Poema,
voz de la mujer y del hombre milenario
que queda en mi ser,
que sigue haciendo la historia.
Poema canto,
poesías leo con mi pueblo,
huellas del alma de un pueblo que no se borra,
como el árbol frondoso y que no muere.
Poema escribo, el ocaso del sol ya se acerca y
nos anuncia la esperanza con sus rayos luminosas
de luces del sol que se expanden en el firmamento.
Medito poemas,
diviso cuadros en mi pensamiento,
los multicolores del güipil de la mujer tejedora maya,
sus colores resistentes y firmes,
su dedicación al trabajo
y la creación constante con los diseños.

En las manos de la mujer,
brilla, brilla poesía,
y su alma crea esperanza
con sus manos los colores,
rojo, amarillo, azul, verde y negro.
Con estos colores teje las poesías de angustia,
de dolor, de agonía y
de esperanza. ◆

POEM

Poem, I write.
Poems, I say.
Feeling and voice of my people,
that resonate deep within me
because I am no stranger to the people.
Poem,
voice of the timeless man and woman
that remains in my being,
that goes on making history.
Poem I sing,
poems I read with my people,
traces of the soul of a people that endures,
like the verdant tree that never dies.
Poem I write; the sunset nears,
our herald of hope with its glowing rays
of sunlight spreading across the sky.
I meditate poems,
I perceive pictures in my mind,
the Maya weaver's *güipil* of many colors,
the strong and resistant colors,
her dedication to her work,
and constant creation with the designs.

In the hands of the woman,
poetry shines, it shines,
and her soul creates hope
with her hands the colors,
red, yellow, blue, green and black.
With these colors she weaves the poetry of sorrow,
of pain, of agony and
of hope. ♦